Erich Rauschenbach

Sex ist doof!

Eichborn Verlag

5. Auflage 1996.

© Vito von Eichborn GmbH & Co. Verlag KG, Frankfurt am Main, Juli 1991.
Umschlaggestaltung: Erich Rauschenbach.
Lithografie: Fotoprint Janke, Frankfurt am Main.
Druck und Bindung: Ernst Uhl, Radolfzell.
ISBN 3-8218-2142-6.
Verlagsverzeichnis schickt gern:
Eichborn Verlag, Kaiserstr. 66, D-60329 Frankfurt/Main.

—Prolog—

Sex ist out. Jedenfalls in den Betten. No-Sex und Kuscheln sind angesagt. Wir kennen kaum noch jemand, der regelmäßig und gerne bumst...

Und was uns beide betrifft: Wir liegen schon seit langem mal wieder voll im Trend.

Im Nachhinein war's sowieso nie das Gelbe vom Ei. Besser als im Bett war's in der Fantasie allemal.

Immerhin: Kein Sex mehr = keine sexuellen Probleme mehr.

Und das Aufhören war null Problem. Mit dem Rauchen aufzuhören ist uns beiden wesentlich schwerer gefallen.

Früher war Sex ohne Ehe angesagt - heute ist es halt umgekehrt.

Jetzt heißt es: „Umwandlung der sexuellen Energie in kreative - es lebe die kraftspendende Wirkung des Lustverzichts!"

Und: Der „Lustverzicht" hat nicht unwesentliche Vorteile: weniger Frust, weniger Verstellung und 100%ige Sicherheit vor AIDS & Co.

Und außerdem spart man Bettwäsche.

...also gut, wenn Du's unbedingt wissen willst: Ich hab bis jetzt mit exakt 76 Frauen Sex gehabt.

Aber Du bist wirklich die allererste, mit der ich bis ans Ende meines Lebens _nur_ kuscheln will und sonst nix. Ehrenwort!

Du bist wunderbar!

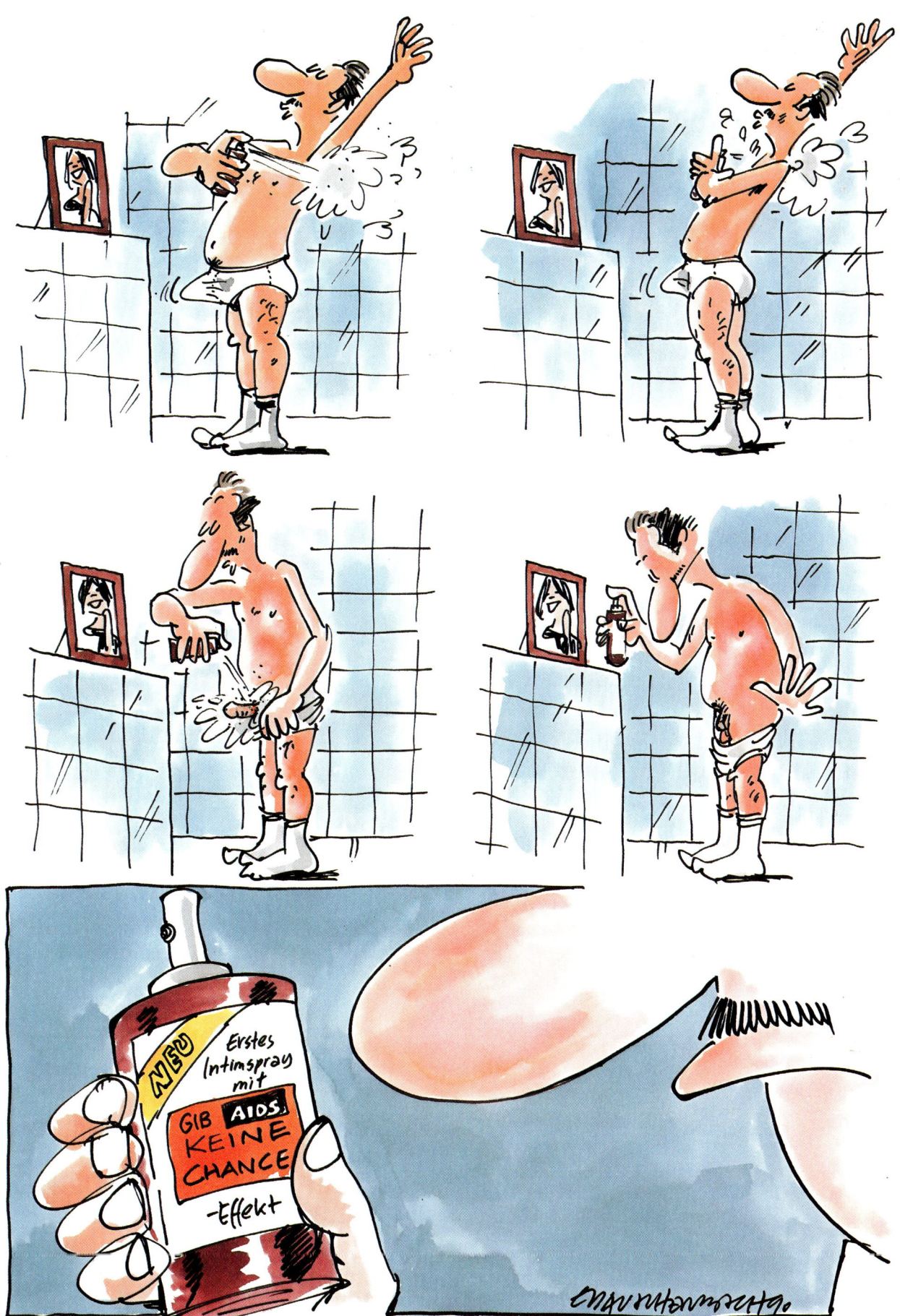

Ich bin seit Jahren ein passionierter Teetrinker, müssen Sie wissen.

Die Zeremonie des Zubereitens und des genußvollen Trinkens hat für mich eine ausgesprochen erotische Komponente.

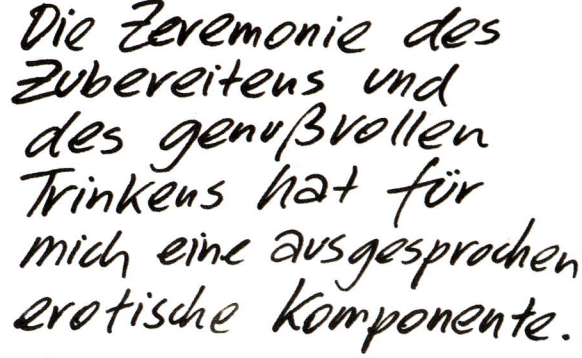

Man könnte so weit gehen zu sagen, daß Teetrinken für mich ein perfekter Sex-Ersatz geworden ist...

am allerliebsten trinke ich Blasentee.

Natürlich ist das Besteigen eines Achttausenders ohne Sauerstoffmaske für mich im Grunde nur ein Ersatz für guten Sex....

...aber es ist halt wesentlich einfacher.

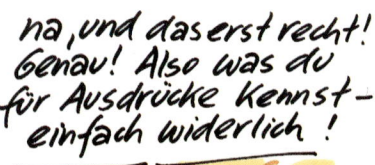

Und sie hat danach was?
Sich hingekniet und was
gesagt? Du sollst dir eins
aussuchen? Nein! Das
hat sie wirklich?

Und du hast dir welches?
Nein! Das halt ich nicht
aus, so eklig ist das!
Mein Gott, ist das
ekelerregend!

Nein, nein, stöhn nur, das
stört mich nicht. Ich find's
halt nur eklig, wenn ich
mir vorstelle, was du
jetzt machst...

Natürlich ist das eklig!
Was sagst du? Ich versteh
dich so schlecht! Du sprichst
so abgehackt. Was machst
du gleich?. Was?.. Na los!
Jetzt!

Na endlich, Süßer. Ich
bin ja so froh, daß du
das eklige Zeug endlich
los bist! Toll! Wasch dir
die Finger und tschüß
bis zum nächsten Mal!

Der Nächste...

Hallo, Süßer, natürlich bistu
richtig! Hier ist Lilos Anti-
Sex-Telefon-Service. Natürlich hab ich von Sex auch
total die Schnauze voll!

Was sagstu da? Apropos
Schnauze voll, da
hättest du...

TÜTE-
LÜT

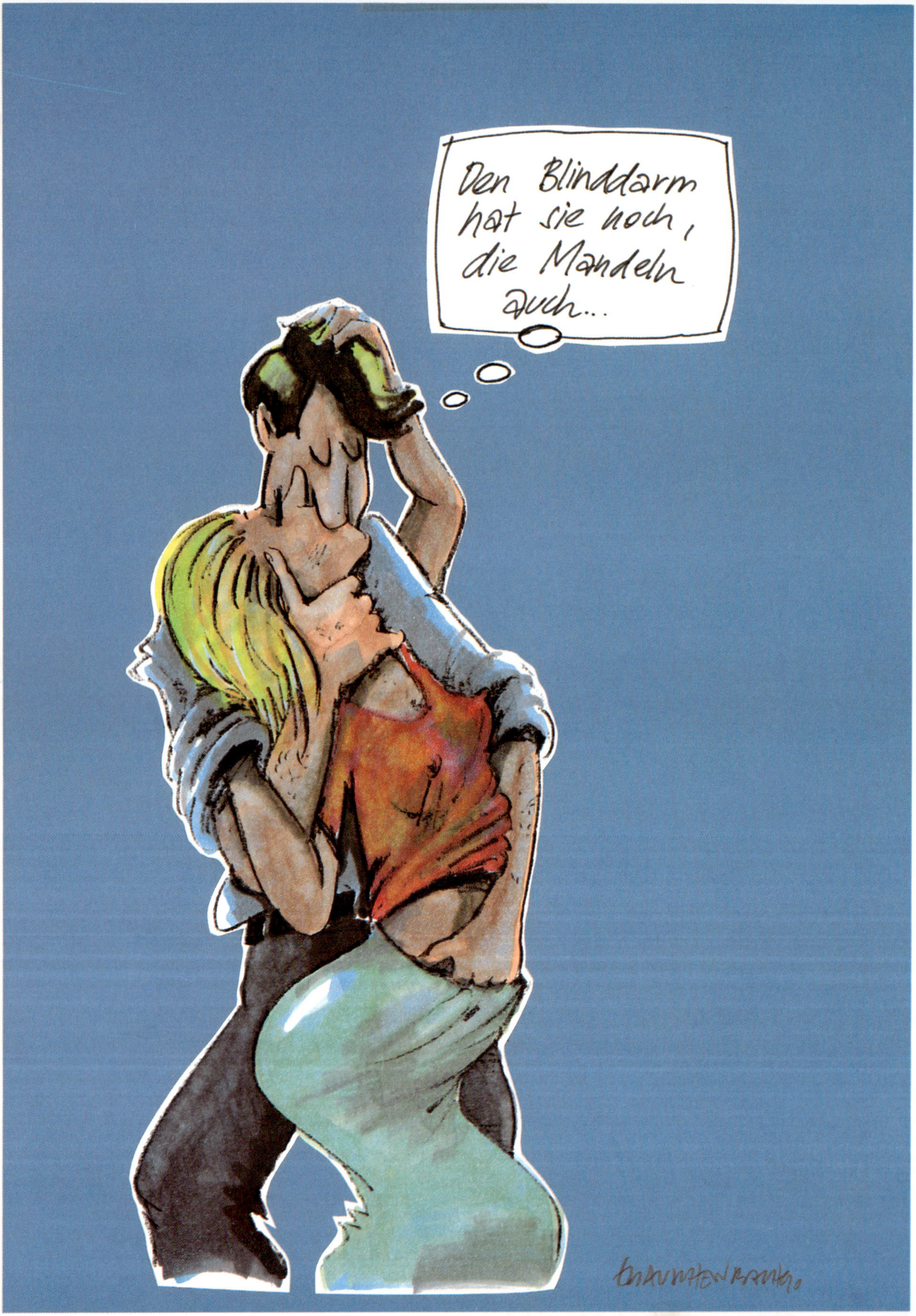
Den Blinddarm hat sie noch, die Mandeln auch...

Oh Shit– ich scheine
ihr zu gefallen..

Oh Shit– sie fährt
voll auf meine Sprüche ab...

Oh Shit – sie will,
daß ich mit rein komme

Oh Shit – sie will
tatsächlich bumsen...

Oh Shit...

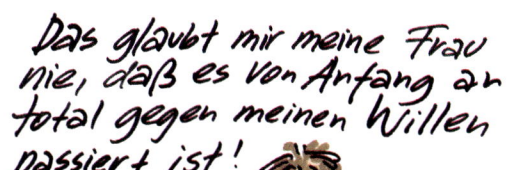

Das glaubt mir meine Frau
nie, daß es von Anfang an
total gegen meinen Willen
passiert ist!

Erzähl du mir nochmal, Spiegel im Schlafzimmer würden erotisch antörnen!
DER SPIEGEL

Die meisten Frauen kriegen heutzutage multiple Orgasmen, bloß ich krieg immer noch nur ganz stinknormale...

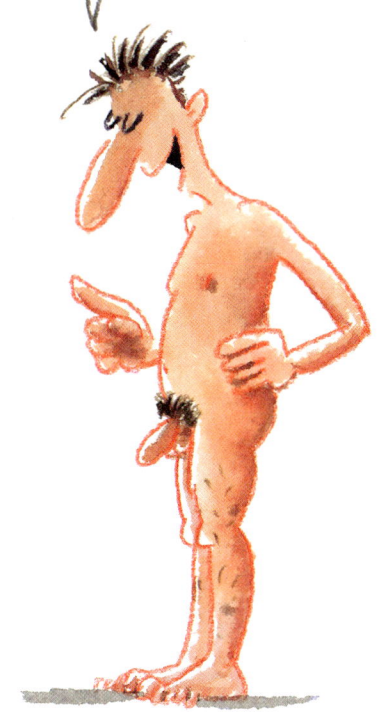

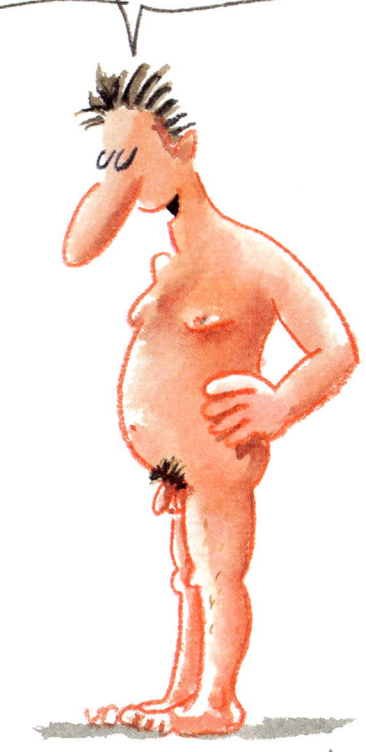

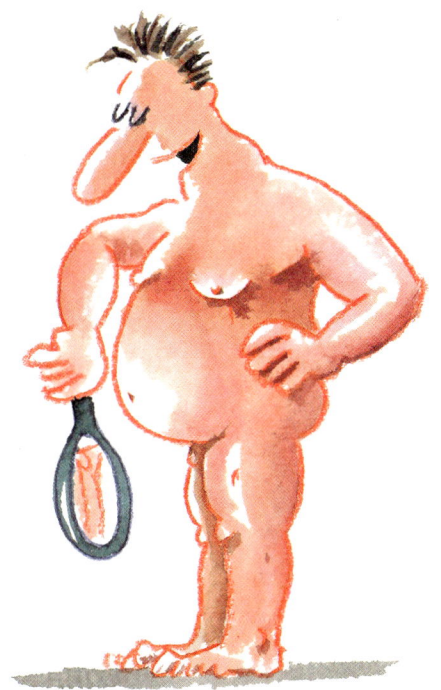

Der Zeichner
Jahrgang '44, seit '53 Berliner,
'63 Abitur, bis '66 Banklehre, bis '69 Studium
an der PH, dann Hochschule der Künste,
Abschluß '73. Seither freiberuflicher Zeichner
für zahlreiche Zeitungen und Zeitschriften,
auch Schulbuch-Illustrationen. Er veröffentlichte
zahlreiche Bücher.

Mehr von Rauschenbach bei Eichborn

19,80 DM (01846)

22,80 DM (02142)

22,80 DM (02096)

22,80 DM (02136)

Nur 22,80 DM (03001)